L'ORDRE SOCIAL

ET

LE CONTRAT LIBRE

PAR

Léon PARSONS

PRIX : **30** CENTIMES

PARIS

CHAMUEL, ÉDITEUR

5, rue de Savoie, 5

1896

L6 57
11614

L'ORDRE SOCIAL

ET

LE CONTRAT LIBRE

L'ORDRE SOCIAL

ET

LE CONTRAT LIBRE

PAR

Léon PARSONS

PARIS

CHAMUEL, ÉDITEUR

5, rue de Savoie, 5

—

1896

EN PRÉPARATION

. . . .

LES IDÉES ET LES HOMMES
(Première série)

Par Léon PARSONS

(I. Autour du Palais-Bourbon. — II. *Sur le Trimard*. — III. Réveil provincial. — M. F. Brunetière. — M. F. Hanotaux. — M. Jean Izoulet. M. Barrès. — Mecislas Golberg. — F. Mistral et le Félibrige). 1 vol. in-18. . . . . . .   3 fr. 50

NOTE DE L'ÉDITEUR

Le discours qui suit, et qui a été sténographié, fut prononcé à Apt (Vaucluse), le 5 octobre 1895, au cours d'une réunion donnée à la salle des Variétés par quelques citoyens, lecteurs de l'*Œuvre Sociale*.

Les 400 personnes qui se trouvaient réunies là nommèrent comme président un de leurs concitoyens, M. Paul Rousset. Dans la même soirée, M. Henri Dagan parla contre la propriété individuelle.

Citoyens,

En acceptant l'invitation qui m'a été faite
par quelques citoyens d'Apt de venir dans
leur cité donner une conférence sur un sujet
de sociologie, je me suis proposé un double
but :

1° Critiquer devant vous l'institution de
l'État, intermédiaire fictif, auquel nous avons
confié le soin de nous-mêmes ;

2° Tirer de ma démonstration — et avec
votre assentiment — une règle d'action
immédiate pour les individus qui, désireux
de se développer harmonieusement, rencon-
trent chaque jour, dans la société actuelle,
de nouveaux obstacles à ce développement.

J'ai dit : dans la *société actuelle*. Cette
formule n'est sans doute pas très appropriée.
Je ne crois pas personnellement qu'elle le
soit. C'est pourquoi, et avant d'entrer dans

d'autres développements, je tiens à m'expliquer sur une question que je considère comme ayant de l'importance dans le genre d'études que nous avons entreprises, celle de savoir si le monde dans lequel nous vivons, si la *société actuelle* enfin, est une chose absolument distincte de ce que certains utopistes appellent avec emphase, et le regard animé de clartés soudaines : la *société future*.

Eh bien ! non, certainement, citoyens. Je ne le crois pas — et je suis en bonne compagnie de savants et de profonds penseurs. — Je ne crois pas qu'il y ait jamais solution de continuité dans la nature. *Natura non facit saltus.* Je sais au contraire qu'il est faux — et très naïf — de s'imaginer que ce que l'on appelle « *demain* » sera nécessairement le contraire d' « *aujourd'hui* », qu' « *aujourd'hui* » n'est que laideur, immoralité, haine et douleur, que « *demain* » ne sera que beauté, noblesse, amour et joie ! C'est de l'utopie cela : de croire que le rêve de nos cerveaux va, comme par un enchantement, se substituer à la réalité qui nous fait souffrir.

Soyons plus sérieux ; méfions-nous du rêve et de prendre pour le but vers lequel ous tendons, celui que notre imagination fait miroiter devant nos yeux ; surtout prenons garde, en lui montrant un *idéal* fictif, de faire dévier de sa route logique l'humanité, qui, étant la somme de tous les êtres, marche vers des fins que chacun de nous en particulier ne peut prévoir avec certitude.

N'attendez par conséquent pas de moi, citoyens d'Apt, que je vous fasse le tableau de ce que sera la société demain, puisqu'aussi bien je viens de vous démontrer que cela est inutile et dangereux.

Ainsi, je ne porterai pas mes regards vers l'avenir, pas plus que je n'ai l'intention de les détourner vers le passé, pour désirer l'établissement d'une constitution qui ne serait qu'une grimace de ce qui fut autrefois. Donc — et afin de bien préciser — ni le rétablissement d'une constitution abolie, ni l'organisation — impossible d'ailleurs — d'une société construite de toutes pièces, et que je vous proposerais d'élever sur les décombres de la société présente ! Ce qui a été ne saurait plus être — nous le savons. Ce qui sera, comment chacun de nous pourrait-il le prévoir, puisqu'il n'est qu'un cerveau dans l'immense multitude des êtres ? La connaissance du présent : voilà ce qui est à notre portée et ce qui, dans ce présent, contrarie nos aspirations et nos désirs.

De quoi avons-nous conscience? Que savons-nous, sinon que nous existons? Et cela veut dire que nous avons faim et soif, que nous voulons manger et boire, que nous aspirons à vivre enfin.

C'est de cette conscience de notre existence que nait la certitude où nous sommes d'avoir le droit de *persévérer dans notre être*. — Alors ne me parlez pas de droit au travail, de droit à la liberté, ou plutôt ne me parlez que du *droit à la vie*, car de celui-là découlent tous les autres, et une société qui ne favorise pas l'exercice de ce droit n'est pas une société morale, et tant que des êtres mourront de faim, tant que des femmes vendront leur corps pour un morceau de pain, tant que la nécessité d'exister fera se courber les fronts et mentir les visages, je ne cesserai, plus clairvoyant qu'eux, d'ouvrir les yeux de tous ceux qui, malgré la croyance où ils sont de penser librement, s'obstinent à demeurer courbés devant les *idoles. (Oh! oh?)*

J'ai bien dit cela, citoyens : les idoles ! car si vous ne croyez plus au dieux abolis, si vous avez détourné vos regards des saints de plâtre et avez déserté les chapelles silencieuses, où vos mères ont prié, vous avez un nouveau culte, et c'est celui de la Raison. Quelques hommes, au cours d'une des journées mémorables de la Révolution, ont fait un piédestal à la déesse et devant elle vous vous êtes agenouillés. Depuis, au cœur de vos cités, on a bâti des temples à la Justice, à la Patrie, à l'Argent. Dans ces temples, on viole les droits des citoyens au nom de la Justice, on sacrifie la jeunesse de nos cités au nom de la Patrie, on affame le commerçant honnête et le père de famille loyal au nom de la Concurrence.

Citoyens, ces temples ont aussi leurs grands-prêtres et leurs servants. Vous les entretenez des impôts qu'ils prélèvent sur vous. A vos frais, s'organisent de vastes entreprises financières qui profitent aux quelques hommes que l'État protège ; des guerres lointaines font entrer des millions dans les caisses de banquiers cosmopolites et causent la mort d'hommes jeunes et vigoureux, qui auraient fait la gaieté de nos villes et la beauté de notre race. Et cela, malgré 89.

malgré 1830, malgré 48 ! (*Applaudisse-*
ments répétés).

—

Je n'aurais certainement pas développé
avec tant d'ampleur cette partie de mon
discours, qui n'est en somme qu'une intro-
duction aux choses essentielles que je vais
dire, si je n'avais cru que c'est de la croyance
en ces idoles de Justice, Patrie, Argent,
État, que vient le malaise dont souffre actuellement la Société. Et cela surtout m'irrite,
que des êtres sensés se refusent, par une
paresse de pensée inexcusable, à raisonner
leur foi en ces idoles qui, pourtant, s'éva-
nouiraient au seul contact de leur raison.
Alors, ils ne se doutent pas que cette
croyance aveugle en la nécessité de cet intermédiaire appelé État a été peut-être
jusqu'à ce jour le plus sérieux obstacle que
l'humanité pût rencontrer sur le chemin de
la civilisation, et qu'elle a reculé de plus d'un
siècle déjà le moment où pourra enfin être
inauguré, et pour le bienfait de tous, le
gouvernement de chacun par chacun. (*Oui.*)

—

Si vous interrogez un contribuable sur l'idée qu'il se fait de l'État, il vous répondra, sans hésiter, que l'État est une autorité centrale, représentée à ses yeux par des fonctionnaires, receveurs des contributions, percepteurs et encaisseurs quelconques, qui viennent, à époques déterminées, lui réclamer des impôts, lesquels, chaque année, augmentent dans une proportion qui lui est sensible.

Pour le penseur ou le savant, l'État est une autorité académique qui, ayant admis une philosophie officielle et une science officielle, arrête, en favorisant uniquement les représentants de cette philosophie et de cette science, l'éclosion de pensées neuves et réduit par la famine les penseurs et les savants qui, désireux de conserver leur indépendance, n'ont pas voulu s'asservir à une croyance imposée.

Le commerçant sait que l'État existe parce que de nouvelles patentes ne cessent de venir grever son budget de charges plus lourdes.

Enfin — car je ne veux pas davantage prolonger cette énumération — l'ouvrier que les conditions économiques ont écarté d'un travail suffisamment rémunéré sait bien que l'État, en favorisant les possesseurs du capital, amène dans son foyer la famine et le désespoir, et qu'il se présente à lui sous les formes différentes, — grotesques ou sévères, — du gendarme ou du magistrat. (*Bravo ! Bravo !*)

En résumé, citoyens, l'État, au regard de ceux qui ne cherchent pas à dépasser l'apparence, c'est quelques hommes — fonctionnaires et ministres — qui profitent de la situation où notre foi les maintient pour augmenter leurs richesses, celles de leurs amis et leur influence.

Chaque année, ils multiplient le nombre de leurs agents, par conséquent de leurs esclaves, chaque année ils augmentent le nombre et l'importance de leurs attributions et chaque fois, par conséquent, ils nous retirent un peu de notre initiative. Supposez que s'accentue la tendance à centraliser qui s'est manifestée depuis 48, malgré le cri de liberté poussé en vain par Proudhon, supposez que les énergies individuelles ne puissent se dégager du réseau de lois artificielles dans lesquelles l'effort de quelques politiciens a tenté de les étouffer, et c'en est fait de la France de 89, celle des Girondins, de la France de 48, celle de Lamartine et de

Michelet, la vie se retire du corps social et voilà réduite à rien la part de l'esprit français dans le concert des peuples. (*Applaudissements.*)

Si je n'allais pas plus avant dans mon analyse de l'État, vous pourriez raisonnablement vous étonner de la naïveté de nos pères de 89, qui, rendus à eux-mêmes par suite de l'énergie de quelques sans-culotte et par l'effort de tout un siècle de pensée philosophique, se laissèrent cependant de nouveau contraindre et plus fortement ! c'est que les économistes et les politiciens qui organisèrent alors la nation française ont appuyé cette organisation sur une idée logique, celle de la Convention, du *Contrat.*

On nous a dit :

Français, vous êtes libres ; il est même nécessaire à notre dessein que vous le sachiez ; mais, d'autre part, comme il vous serait bien impossible de faire vous-mêmes vos affaires, vous allez abdiquer en faveur de quelques citoyens, choisis par vous et qui, composant ce que l'on appelle un *gouvernement,* n'auront pas d'autre mission que celle de vous décharger du soin de vous gouverner vous-mêmes. Ils nommeront des fonctionnaires et utiliseront, ainsi que cela leur semblera utile, les finances que sous forme d'impôts vous leur aurez confiées.

Quels ont été et quels seront encore les résultats les plus fâcheusement appréciables d'une telle organisation ?

D'abord, puisque l'État est la représentation du suffrage universel qui s'exerce dans toutes les régions — bien différentes entre elles — d'un grand pays, il ne peut représenter que ce que représente lui-même le suffrage universel, c'est-à-dire une moyenne, un compromis entre des infinités d'aspirations qui, tendant à des buts divers, se nuisent en se neutralisant. De même que le mode de manifestation, qui est le *suffrage universel*, ne saurait exprimer la tendance véritable de chacun des citoyens, ainsi l'État ne satisfait personne entièrement et ne représente la volonté bien déterminée d'aucun, puisqu'il est un compromis entre tous. De là pour lui une apparence de médiocrité, et une impossibilité pour les hommes qui se succèdent dans le gouvernement du pays d'aller dans un sens plutôt que dans un autre, puisque, de toutes façons, ils sauront

mécontenter quelques-uns de ceux dont ils
sont les mandataires. Je conclus sur le premier point en disant que l'État, au lieu du
développement harmonieux de la nature,
nous offre le spectacle d'énergies contraires,
qui réciproquement se paralysent. Une dé-
mocratie unifiée, ainsi que la nôtre, est nécessairement un État de stationnement et de
mort. Aucune initiative ne saurait s'y faire
jour, qui l'entraînerait vers des fins par-
ticulières. C'est une eau qui croupit, ce n'est
pas un fleuve allant avec majesté vers la
mer.

Un autre résultat fâcheux d'une organisation fondée sur la croyance en la nécessité
d'un État est que l'individu délégua sa souveraineté à des intermédiaires. Cette abdi-
cation amène chez lui une déchéance qui,
si elle s'accentuait encore, pourrait être nui-
sible à l'ensemble même de l'humanité, car
il est bien certain que c'est de la beauté des
individus qui la composent que s'embellit
une société. Plus il y a d'émulation, de lutte,
d'émotion, d'enthousiasme, plus il y a en
elle de beauté. Eh bien ! — il faut le dire —
l'État, et en particulier un État centralisé,
voilà le plus grand obstacle à la grandeur

d'une race et à l'éclosion des génies et des héros.

Pourtant je ne crois pas que les seuls arguments que je viens d'énumérer soient suffisants à démontrer l'illégitimité absolue de l'État. Mais celui que je vais développer devant vous maintenant y suffit.

On nous a dit en effet que l'institution de l'État repose sur une convention, sur un contrat entre personnes libres. Or, — je vais vous le démontrer, — ce contrat est vicieux.

Que faut-il pour qu'un contrat soit moral ? Il faut, ainsi que s'expriment les économistes, que ce contrat soit *synallagmatique* et *commutatif*, — ce qui signifie que le citoyen, en entrant dans une association :

1° Doit avoir autant à recevoir de l'autre partie qu'il lui sacrifie;

2° Qu'il peut y entrer librement et en sortir aussitôt, s'il juge que les termes du contrat ne sont pas observés.

Le contrat sur lequel repose l'institution de l'État est-il de cette nature ?

Il n'est pas nécessaire de réfléchir bien

longtemps, citoyens, pour s'apercevoir que le contrat dont il est question est vicieux, étant *unilatéral*, c'est-à-dire de la qualité de ceux dans lesquels, une seule partie étant avantagée, l'autre est lésée.

Voici par exemple la nature du contrat sur lequel repose l'institution de l'État français : c'est un contrat établi entre chaque Français et tous les autres, au moyen de quelques délégués qui servent d'intermédiaires et composent le gouvernement.

Or ces intermédiaires — ministres ou fonctionnaires — ne produisent rien. Il leur faut vivre à nos frais. De plus, ils ont des maîtresses et ils entretiennent des journaux : de là de nouvelles dépenses qui sont prélevées sur l'argent que chacun de nous leur remet sous forme d'appointements ou de pots-de-vin. Notre argent ne sert pas seulement à les nourrir, mais à faire vivre ceux qui les obligent et maintiennent leur influence, ceux auxquels ils procurent des places honorifiques et des rubans.

Il est vrai que tous nous avons le secret espoir de participer à ces largesses de l'État. Mais sachons bien que ce profit est toujours aux dépens de la plupart, car l'État, étant improductif, ne peut nous rendre davan-

tage qu'il n'a reçu de nous, et comme il con-
fère à certains des avantages pécuniers, cela
est fait, n'est-ce pas ? aux dépens de tous les
membres de la communauté. Pour favoriser
quelques-uns, il est obligé [d'en léser plusieurs, lesquels, ainsi qu'il résulte de la dé-
finition même du contrat légal, seraient en
droit de se retirer de l'association, étant
lésés dans leurs intérêts.

Vous savez bien, citoyens, que cela leur
est impossible. Nous naissons, dans une société particulière, dont nous devons, à notre
majorité, accepter le contrat que d'autres
ont formé pour nous. De même que nous
n'entrons pas de notre propre [mouvement
dans l'association, de même, lorsque nous
nous sentons lésés, il ne nous est laissé nul
moyen d'en sortir. Nous naissons esclaves
d'une constitution que nous n'avons pas
choisie, et n'ayant, pour nous en dégager,
que la révolte violente ou la mort !... (*Applaudissements.*)

A moins que nous ne comprenions enfin
que c'est de notre naïveté et de notre ignorance que vient notre servitude ! Citoyens,
nous sommes les victimes d'un cauchemar
affreux : une hallucination nous hante, celle
de l'État, la grande Chimère au nom de la-

quelle on nous asservit. Ouvrons les yeux, que notre raison nous éclaire et fasse s'évanouir le vilain fantôme. L'État, citoyens, ce n'est qu'une abstraction à laquelle vous attribuez une réalité ; c'est une idole que vous adorez parce que vous avez foi en elle, et, qui, divinité malfaisante, vous pousse à abdiquer votre souveraineté et à piller vos semblables. « L'État, a écrit Bastiat, c'est la grande fiction à travers laquelle tout le monde s'efforce de vivre aux dépens de tout le monde. »

Mais il est temps de quitter le domaine de la spéculation où je m'aperçois que je m'attarde, pour entrer dans celui de la réalité, où nous nous tiendrons maintenant jusqu'à la conclusion de ce discours.

Regardons autour de nous et rendons-nous compte du nombre d'années qui s'écouleront encore avant que tous les individus qui composent la nation française aient une conscience de leur souveraineté suffisante pour marcher seuls, sans maîtres, sur le chemin de la vie.

Pour ma part, je ne cesserai jamais d'amener à la conscience de soi-même l'ami qui m'accompagne, ou le public qui m'écoute ; mais je crois cependant qu'il n'est pas de meilleure propagande que celle de l'acte et qu'un essai d'association libre, formée en dehors du contrôle de l'État, même si cet essai, par suite de l'opposition des pouvoirs publics, ne reçoit pas toute l'ampleur désirable, je crois, dis-je, qu'un essai d'association libre amènera à concevoir l'inutilité de l'État plus de citoyens que toutes les démonstrations logiques. Un geste a sur le mot l'avantage de pouvoir être imité. Donc : substituer peu à peu à l'État des associations libres, tel est le but que nous devons poursuivre et atteindre (1). (*Applaudissements.*)

On peut aisément se faire une idée du fonctionnement qui serait celui d'une société dans laquelle les individus auraient une conscience assez développée d'eux-mêmes pour juger devoir se passer d'un intermédiaire vraiment trop onéreux. M. Jean Grave l'a fait avec beaucoup de bon sens et de logique. Il croit — et je suis de son avis — que l'harmonie sociale naitra d'un échange de services réciproques entre les individus en vue du bonheur commun.

Individualisme en effet ne signifie pas *égoïsme* ou *misanthropie*.

L'individu, dégagé de la contrainte que lui impose actuellement l'autorité de quelques-uns, ne se privera pas de la société de ses semblables. Bien au contraire : ainsi que je le disais plus haut, un échange de services réciproques s'établira entre les individus d'un même endroit, afin qu'un groupement étant organisé, l'initiative et les facultés de chacun des membres de l'association profitent à tous les autres. Ainsi, des contrats véritablement *libres* seront établis entre les individus d'un même pays ayant des sympathies mutuelles et des besoins analogues, que seule une association pourra satisfaire. Nous croyons que l'homme est assez grand pour se conduire lui-même, mais nous ne voulons pas lui retirer le bénéfice d'une organisation librement consentie.

Sur toute l'étendue du territoire, des groupements infiniment variés pourront ainsi s'établir. Les individus, ayant un but analogue, mais des facultés différentes, mettront en commun leurs efforts et se rendront à leur liberté intégrale, aussitôt atteint le but auquel ils tendaient. C'est, par exemple, de construire un théâtre, où seront représentées les œuvres de certains membres de l'association, c'est un pont à jeter sur un cours d'eau, une maison populaire, un hôpital, un asile à édifier. Se formeront surtout des sociétés de consommation, de production, d'exploitation, d'éducation ; enfin, si quelques adeptes d'une théorie religieuse conçoivent le projet de construire une église ou un temple, ils pourront également s'associer en vue de ce but commun, sans obliger, ainsi que cela se pratique aujourd'hui, sous notre régime centralisé, sans obliger les indifférents à entretenir leurs prêtres et à parer leurs autels. La formule d'une telle organisation serait bien réellement : la liberté pour tous, le gouvernement de chacun par soi-même (*approbations.*)

Un tel idéal est-il prochainement réalisable ? Ce serait peu connaître les hommes qu'attendre d'eux une aussi complète conscience de leurs droits et un si réel souci de leur souveraineté. Il en est cependant parmi eux — il en est ici même — qui ont compris que le vice social dont nous souffrons est le résultat de notre croyance en la nécessité d'un État, représenté par quelques politiciens qui, abusant de notre ignorance, ont mis successivement la main sur chacune de nos libertés, au moyen d'une centralisation chaque jour plus accentuée. C'est à ceux-là qu'il appartient de s'affirmer indépendants des attaches de l'État, en saisissant les moindres occasions de dénoncer à ceux qui les approchent le mensonge de cet État et comment nous y sommes comprimés et annihilés.

Sous le nom de *Fédéralisme*, un mouvement d'opinion s'est accusé, qui semble vouloir dégager les communes et les régions qui composent la France de la tutelle d'un État centralisé.

Ce mouvement, auquel prennent part des esprits très distingués comme M. Maurice Barrès et des cœurs enthousiastes comme le poète Jean Carrère, mérite d'attirer l'attention de tous ceux qui comprennent la nécessité de plus d'indépendance et de liberté. C'est un premier pas vers une organisation libertaire. Nous devons favoriser cet éveil de l'esprit d'indépendance, tout en nous distinguant toutefois de ceux qui voient dans le *Fédéralisme* une division de la France en provinces ou régions bien déterminées, qui deviendraient alors de petites patries dans la grande et de nouvelles barrières opposées à la fraternité des peuples.

Plutôt que celles des *provinces* j'aimerais favoriser la *libération des communes*, qui elles, du moins, déjà existent et n'ont pas besoin d'être constituées ; mais — mieux encore que cela — je voudrais que soit organisé le *groupe libre* dans l'État (2).

Ainsi, que, suivant les sympathies et les affinités, se forment, sur le territoire français, des associations de citoyens revendiquant pour chacun d'eux l'exercice de leur souveraineté ainsi que le droit de se développer sans contrainte, que ces groupes puissent embrasser toute l'activité humaine, et que de la satisfaction des besoins et des aspirations de tous, dans les milieux qu'ils ont choisis, et par l'union, renaissent la santé et l'harmonie.

A mesure que se développeront ces groupes locaux, la part de l'État dans l'organisation deviendra plus minime. Cependant, afin que l'ordre soit maintenu dans le pays, chacun des groupes s'obligera envers les autres pour un ou plusieurs objets particuliers — tels que défense du territoire, exercice de la justice — dont la charge incombera spécialement et exclusivement aux délégués de la *fédération*. Dans cette fédération de groupements libres, le pouvoir sera donc réduit au minimum, et dans la nation ainsi constituée, les fonctions politiques feront place peu à peu aux seules fonctions industrielles (3). Il n'y aura plus, dans la nation entière, que des groupements d'individus reposant véritablement sur un contrat libre, puisque chacun des membres pourra les quitter aussi librement qu'il y est entré. Ces groupes se développeront les uns aux dépens des autres ou se restreindront, suivant qu'ils offriront à l'individu une plus ou moins grande possibilité de bonheur.

Un *fédéralisme libertaire* pourra, sur de telles bases, se constituer. Ces bases, au lieu d'être la commune ou la région, qui sont des groupements artificiels d'individus, réunis par la seule raison qu'ils cohabitent, ces bases sont : l'individu, unité sociale, et le groupe, constitué naturellement et spontanément par les individus.

Je vous le répète :

Que notre effort s'applique à organiser dans la France actuelle de semblables groupements, que ces groupes aient une initiative et que, lorsqu'ils seront assez nombreux, ils entreprennent au besoin, en lui refusant l'impôt, d'affamer l'État, si les politiciens qui le représentent s'obstinent à ne comprendre pas que nous voulons être libres. (*Applaudissements.*)

Un exemple intéressant d'une organisation semblable vous est fourni par la localité de Montreuil, qui, avant l'année 1893, tenta de se constituer sur de nouveaux plans. Que de telles expériences de groupements libres se fassent dans la France entière. Ce seront de frappants exemples, qui démontreront à ceux qui sont encore ignorants ou hésitants que l'homme n'a pas besoin, pour manger, se reproduire et être heureux, de l'aide intéressée de quelques politiciens qui l'exploitent. Le Panama, Fourmies, l'affaire des Chemins de fer du Sud et cette expédition de Madagascar, sont des preuves des effets funestes d'un État centralisé ; nous attendons encore les exemples qui nous en feront apprécier les bienfaits. (*Applaudissements répétés. Acclamations.*)

TROIS NOTES

(1) — Mais, me direz-vous, le moyen de s'associer, malgré la loi ?

— Si vous croyez à l'efficacité d'une action gouvernementale, je n'ai qu'à vous conseiller d'attendre avec patience que M. Bourgeois, aidé du Parlement, vous gratifie d'une de vos libertés. Mais si vous n'avez foi qu'en l'action individuelle, formez, malgré la loi, et de votre propre initiative, des groupements. Sans doute ils seront *tolérés* par nos gouvernants. S'ils ne le sont pas, vous aurez du moins des motifs de résistance et vous l'emporterez, si vous avez confiance.

(2) Ce sera réaliser le désir exprimé par Proudhon.

(3) Au moment où je me trouvais à Apt, — en octobre 1895 — je ne prévoyais pas que l'initiative de M. Magalhès Lima dût amener le groupement à Paris d'un assez grand nombre de politiciens et de femmes distingués en vue d'un congrès international qui se tiendra en France dans le courant de cette année. J'ignorais également que M. Bernard Lazare dût adhérer à un *fédéralisme révolutionnaire* (*Echo de Paris,* décembre 1895). Enfin, je n'avais pas encore lu les passages de son œuvre, où M. Jean Izoulet prête l'appui de son langage élevé et de sa foi à la cause de la *décentralisation.* Ce sont autant de faits qui, joints à la campagne active que mène à la *Nouvelle Revue* M. Maurras, amèneront dans le pays et chez une élite la croyance raisonnée en la nécessité d'une organisation libertaire.

L. P.

Beauvais. — Imp. Professionnelle, 4, rue Nicolas-Godin

Paraîtra bientôt :

L'ŒUVRE SOCIALE

(DEUXIÈME SÉRIE)

REVUE MENSUELLE

Fondateur : Léon PARSONS

Abonnement : 3 fr. l'an

Écrire : 39, rue Brochant, PARIS

A la même librairie

ZO D'AXA

DE

MAZAS A JÉRUSALEM

Vol. in-18 jésus

AVEC DESSINS DE STEINLEN, PISSARRO, VALLOTON

Prix : 3 fr. 50

ENDEHORS

Vol. in-18 jésus de 250 pages

Prix . . . . 1 fr. — Franco. 1 fr. 25

Beauvais. — Imp. Professionnelle. 4, rue Nicolas-Godin.

www.ingramcontent.com/pod-product-compliance
Ingram Content Group UK Ltd.
Pitfield, Milton Keynes, MK11 3LW, UK
UKHW021016120726
13693UKWH00005B/2022